COURTE ESQUISSE

DES

SYSTÈMES DE PHILOSOPHIE

MODERNE

ET DE SON PROPRE SYSTÈME

PAR

ANTOINE ROSMINI-SERBATI

AVEC QUELQUES MOTS D'INTRODUCTION

PAR

GUILLAUME LOCKHART

Procureur général des Rosminiens à Rome

PARIS

LIBRAIRIE DE LA SOCIÉTÉ BIBLIOGRAPHIQUE

195, BOULEVARD SAINT-GERMAIN

1883

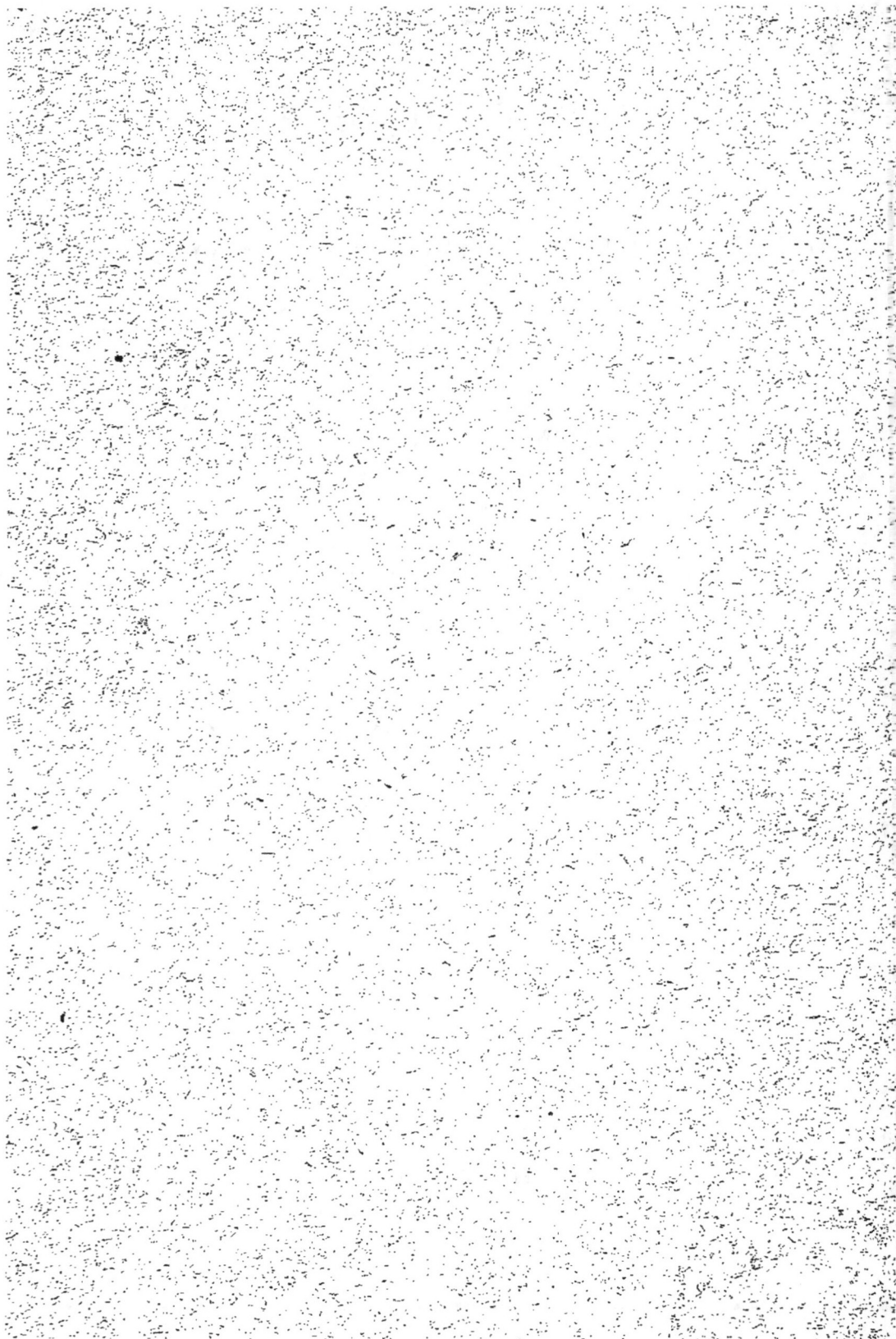

COURTE ESQUISSE

DES

SYSTÈMES DE PHILOSOPHIE

MODERNE

ET DE SON PROPRE SYSTÈME

PAR

ANTOINE ROSMINI-SERBATI

AVEC QUELQUES MOTS D'INTRODUCTION

PAR

GUILLAUME LOCKHART

Procureur général des Rosminiens à Rome

PARIS

LIBRAIRIE DE LA SOCIÉTÉ BIBLIOGRAPHIQUE

195, BOULEVARD SAINT-GERMAIN

1885

INTRODUCTION

On me demande souvent d'exposer en peu de mots les principes caractéristiques du système de philosophie qui porte le nom de Rosmini, le vénérable fondateur de l'ordre de la Charité auquel j'ai l'honneur d'appartenir.

Le court exposé des systèmes de philosophie modernes, écrit par Rosmini il y a quarante ans, mais publié il y a peu de mois seulement dans l'original italien, me paraît répondre suffisamment bien au but dont il vient d'être question. Je recommande volontiers cet exposé à tous ceux qui, ayant le désir de connaître le système de Rosmini, n'ont pas cependant le loisir ou la volonté de l'étudier dans ses ouvrages plus étendus ; je le recommande, en particulier, à ceux qui n'ont entendu parler de Rosmini que comme d'un homme auquel beaucoup d'écrivains catholiques, notamment des Italiens membres de la Compagnie de Jésus, ont fait une vive opposition.

Il est peut-être même bon de dire ici quelques mots là-dessus.

De nombreuses accusations contre la théologie et la philosophie de Rosmini ayant été présentées au Saint-Siège, le Pape Pie IX nomma, en 1850, une congrégation spéciale qu'il chargea d'examiner les ouvrages dénoncés et de lui adresser un rapport. L'examen minutieux, qui fut fait à cette occasion, dura plus de trois ans ; vingt-trois consulteurs de l'Index y prirent part, et tous furent astreints par serment à étudier les ouvrages inculpés, à fond, indépendamment les uns des autres, sans se consulter et en ayant en vue les accusations dirigées contre ces écrits, lesquelles s'élevaient à plus de trois cents. Au mois de juin 1854, Pie IX, présidant la réunion des cardinaux et des consulteurs de l'Index et ayant entendu le verdict unanime d'acquittement, prononça le décret suivant : « Tous les ouvrages d'Antonio Rosmini Serbati, dont l'examen a été fait récemment, doivent être renvoyés (1). Il n'est résulté de cet examen rien qui puisse déroger, soit à la bonne renommée de l'auteur, soit à la sainteté de vie et aux mérites singuliers devant l'Eglise de l'ordre religieux qu'il a fondé (2). » A ce décret était

---

1. La Congrégation de l'Index a, d'après ses constitutions, le pouvoir de prononcer *pro merito* (suivant qu'ils le méritent), sur les livres soumis à son examen, une des trois sentences : *Prohibeantur, Corrigantur, Dimittantur ;* de telle sorte que la sentence *Dimittantur* ou de *renvoi* est la plus favorable qui soit jamais rendue, et signifie qu'on n'a trouvé, dans les livres incriminés, rien qui méritât *prohibition* ou *correction*. Par conséquent les livres *renvoyés* sont abandonnés à la disposition des fidèles pour être lus.

2. Voici le décret : *Antonii Rosmini-Serbati opera omnia de quibus novissime quæsitum est, esse dimittenda ; nihilque prorsus susceptæ istiusmodi disquisitionis causæ auctoris nomini, nec Institutæ ab eo Religiosæ Societati de vitæ laudibus et singularibus in Ecclesiam promeritis esse direptum.*

ajouté, en même temps, l'ORDRE SUIVANT ENJOIGNANT LE SILENCE : « Afin de prévenir les nouvelles accusations qui pourraient être disséminées à l'avenir et les discordes qui en seraient la suite, il est prescrit, pour la troisième fois, par Sa Sainteté, aux deux parties de garder le silence(3). »

Étant moi-même à Rome, dans les premiers mois de l'année 1854, peu avant la sentence d'acquittement rendue en faveur des ouvrages de Rosmini, je reçus un jour la visite de l'Assistant anglais du général des Jésuites. Au cours de la conversation, cet Assistant m'informa qu'il avait été envoyé expressément par le Général, pour m'assurer que le Général désirait qu'il fût entendu que l'opposition faite à notre vénéré fondateur n'était pas l'œuvre de la Compagnie de Jésus, mais d'une école dans la Compagnie. »

J'ai retenu soigneusement cette parole, parce qu'elle me garantit que l'opposition faite par ces écrivains à Rosmini, opposition aussi active encore qu'elle le fut jamais, malgré le PRÉCEPTE DU SILENCE, n'engage pas un Ordre vénérable pour lequel je me sens plein d'estime ; entre lequel et nous il y aura un jour, j'en suis sûr, une parfaite harmonie par rapport à la philosophie, puisque nous nous entendons à considérer saint Thomas comme notre maître. Nous pouvons différer avec ces écrivains sur le sens qu'ils donnent à saint Thomas ; mais tous, nous reconnaissons dans le Saint-Siège un arbitre infaillible,

---

3. Le précepte de silence défend de reproduire à nouveau les accusations qui furent repoussées après un examen aussi approfondi : *Ne vel novæ in posterum accusationes ac dissidia, quovis demum obtentu, suboriri ac disseminari possint, indictum est jam tertio de mandato Sanctissimi utrique parti silentium.*

si jamais il venait à déclarer que certaines opinions philosophiques vont contre quelques principes de la doctrine catholique.

Quelques remarques sur le principe fondamental de la philosophie Rosminienne ne seront pas donc déplacées ici. — Il s'agit de l'*origine des idées* dans l'esprit humain.

Or, la première difficulté qu'on trouve à comprendre la philosophie de Rosmini, vient de ce qu'il va plus loin que ce que l'on suppose *populairement* être les premiers principes de la pensée humaine. Elle essaye de *rendre compte* des idées. Mais bien des personnes n'ont jamais pensé qu'il y eût, là-dedans, quelque chose qui a besoin d'explication. Elles ont l'habitude de considérer, avec Locke et d'autres philosophes qui appartiennent plus ou moins à la même école, la formation des idées comme tellement connue qu'il n'est pas nécessaire d'en rendre compte. On suppose que c'est un fait aussi simple que la sensation. On dit : « Nous *avons* des sensations et nous *avons* des idées ; les sensations arrivent les premières et sont transformées ensuite en idées par la réflexion. »

Ceux qui parlent ainsi ne font pas attention qu'en allant des *sensations* aux *idées* ils ont franchi un gouffre qui est tout simplement *infini* !

Cet état intellectuel me rappelle la conversation de deux campagnards, entendue en wagon. « Jean, disait l'un, qu'est-ce que le télégraphe du chemin de fer et comment envoie-t-on des dépêches ? Oh, répondit l'autre, c'est bien simple. Vous apercevez les fils tout le long de la ligne. Ils vont de Londres à York. Ils sont fixés à chaque extrémité à un disque muni d'aiguilles, à peu près comme une horloge, et de lettres tout autour. Lorsqu'on conduit ces aiguilles à Londres, sur telle lettre et telle autre, les aiguilles vont à York sur les lettres correspondantes. — Ah ! répliqua l'autre, cela me paraît fort simple, maintenant que vous me l'avez expliqué. »

Tel est, ce me semble, l'état d'esprit de ceux qui n'aperçoivent pas de difficultés dans la formation des idées, et qui parlent, comme le fait Locke et son école, de sensations transformées en idées par la réflexion. Ils ignorent la question fondamentale en philosophie, comme le campagnard qui expliquait le télégraphe électrique, sans parler de l'électricité, cette force occulte et mystérieuse qui se cache derrière les phénomènes (1).

Le principe fondamental de la philosophie Rosminienne regarde, ainsi que je l'ai dit plus haut, l'*origine des idées* comment les *idées* ou *pensées* des *choses* naissent-elles dans notre esprit ? Car il est certain que toutes les fois que cette modification de notre sensibilité que nous appelons une sensation a lieu, nous pensons immédiatement et nécessairement, non pas à la sensation qui est *en nous*, mais à quelque chose qui est *hors* de nous, à laquelle nous attribuons l'*existence*, que nous appelons une *chose* et que nous considérons comme la cause de nos sensations ; de telle sorte que nous lui attribuons les qualités de chaud, de froid, de blanc ou de noir, etc., quali-

---

1. Toute *sensation* est *particulière;* la réflexion ne fait que reproduire le *particulier* et l'*imagination* le peint ; mais les idées sont *universelles,* et toutes les idées impliquent l'idée d'être qui est la plus universelle de toutes. Comment obtenons-nous l'*universel?*

tés qu'en réfléchissant et en méditant nous savons exister seulement dans notre sensibilité.

Ce procédé mental est évidemment un *jugement*, dans lequel nous affirmons l'*existence* de la *cause* de notre *sensation*. Pour ne rien dire maintenant de l'idée de *cause*, il est clair que nous ne pourrions pas parler d'*existence* à propos d'une chose, si nous ne savions pas ce que c'est que l'existence, c'est-à-dire, si nous n'avions pas déjà l'idée d'existence dans notre esprit. Il nous faut donc distinguer soigneusement l'une de l'autre deux manières de connaître : la connaissance par *jugement* dans laquelle nous affirmons la *réalité* des choses individuelles, et la connaissance par *intuition* par laquelle nous pensons de pures *idées* Ayant cette distinction fondamentale bien en vue, je vais maintenant rechercher l'origine et montrer la place relative de ces deux modes de pensée. Un peu de réflexion prouvera clairement que l'idée précède le jugement et qu'elle lui est indispensable pour sa formation.

Nous sommes censés connaître une chose, lorsque nous lui appliquons l'*idée* d'*existence*, en d'autres termes, lorsque nous jugeons que c'est une *chose existante*.

Ce qui n'est pas *une chose* ne peut être l'*objet de la pensée*, car l'objet de la pensée, l'idée d'existence, a disparu. Ceci montre que l'idée d'existence est l'objet nécessaire de la pensée, comme saint Thomas le dit quelque part : *Objectum intellectus est ens vel verum commune.* (S. Thomas, *Somme*, I, 55, 1.)

C'est la première idée, l'idée sans laquelle nous ne pouvons pas former de jugement, ni rien connaître. Il est clair, par suite, que l'idée d'*existence* doit être connue

par elle-même (*per se nota*), sans quoi nous serions inca-
pables de la connaître ou même de rien connaître. C'est
dire, en d'autres termes, que ce doit être la *première idée*,
ou la *seule idée innée* dans l'esprit humain (1).

Mais comment cette idée d'existence fait-elle son appa-
rition dans l'esprit?

Ce n'est pas comme un produit des sens, puisque nous
sommes contraints d'appliquer cette idée à l'occasion de
chaque sensation, pour nous former l'*idée* de la *chose* qui
naît nécessairement dans notre esprit à l'occasion de
chaque sensation. Dans le court traité suivant, Rosmini
montre très clairement, par la nature même de l'idée
d'existence qui constitue la partie *formelle* de toutes nos
idées, pourquoi cette idée ne peut pas venir des sens. Il

---

1. Ce n'est pas rendre compte de l'origine de l'idée d'*être* ou d'*existence*
que de dire que nous possédons la faculté pour l'acquérir à l'occasion des
sensations. *La question est : quelle est la nature de cette faculté?* car, pour que
cette faculté puisse opérer, ne doit-elle pas être *en acte?* Certainement ce
qui n'est pas *en acte* n'existe pas, et ne peut point, dès lors, opérer. Une faculté n'est qu'un « premier acte » (*actus primus*), d'où viennent les « actes
seconds » *actus secundi*, ou ce que nous appelons communément des *actes*.
Mais le « *premier acte* » de la *faculté intellectuelle*, l'*acte* par lequel cette faculté existe, doit, par la nature même des choses, être un *acte intellectuel*,
sans quoi la faculté ne serait pas *intellectuelle*. Mais, si l'acte est intellectuel, il
doit consister dans la *vision* ou l'*intuition* d'un *objet*, parce que c'est là ce
qu'on entend par un *acte intellectuel*. L'étymologie d'*intellectus* (dérivé de *intus
legere*, lire à l'intérieur) montre cela clairement. L'acte de *lecture* implique
nécessairement l'acte de *vision*. Mais il ne peut pas y avoir de vision sans
qu'il y ait quelque chose qui *voit* et quelque chose qui est *vu*; en d'autres
termes, sans un *sujet* intelligent et sans un *objet* que ce sujet regarde et
comprend. La chose vue, l'*objet* présent dès le principe au *sujet* intelligent,
la forme constitutive de l'intelligence humaine (*vis intellectiva*) est l'*existence*,
l'*être*, et c'est là la *lumière de la raison.*

montre que les sensations sont limitées à l'impression particulière faite sur notre *sensorium*, tandis que les idées sont illimitées et peuvent s'appliquer *indéfiniment* à un nombre quelconque d'êtres, et à un nombre quelconque de genres ou d'espèces identiques (1). Mais l'idée d'une chose n'est pas autre chose que la possibilité logique de cette chose : ce qui est possible l'a toujours été et est, par suite, éternel. Or, comme ce qui est éternel est divin, Rosmini enseigne que les idées sont, en un certain sens, divines, parce qu'elles possèdent des caractères divins.

Conséquemment, l'idée est si complètement distincte des sensations, si immensément élevée au-dessus d'elles, qu'il est absurde de supposer qu'elle est le *produit* des sensations, parce qu'aucun effet ne peut monter plus haut que sa cause. Cependant, il est, en même temps, un fait évident : c'est que les idées ne nous deviennent connues qu'à l'*occasion* des sensations. En un mot, les sensations fournissent l'élément *matériel*, et l'idée innée d'existence l'élément *formel* de toutes les idées que nous formons à l'aide des sens.

Si donc l'*idée d'existence* n'est pas un produit de la sensation, et si cependant, à l'occasion de nos sensations, nous la trouvons toujours dans notre esprit, il est clair que nous trouvons là ce qui y était déjà auparavant ; ce qui n'a pas été *formé* mais a été *donné du dehors*, par le

---

1. Rosmini considère la faculté et l'art du langage enseigné à l'homme par a tradition de la société humaine comme le principal facteur dans la formation des idées abstraites ; car les mots étant les signes sensibles des idées, les représentations sensibles des choses idéales, nous aident à *classer* les choses dans notre esprit, en genres et en espèces, qui sont des idées abstraites.

moyen d'une autre faculté, l'intelligence, qui, comme Rosmini l'enseigne, est douée de l'intuition de l'idée d'existence par Dieu, dans l'esprit duquel l'idée d'existence et de toutes les existences se trouve éternellement. C'est la pensée qu'exprime saint Thomas, lorsqu'il dit : *Deus, cognoscendo se, cognoscit naturam universalis entis.* (*Contra Gentes*, I, 50.)

Et, en effet, cela est de soi évident, si nous croyons en Dieu, comme étant le créateur infiniment intelligent qui a voulu et qui a, par suite, connu de toute éternité toutes les parcelles de la création.

Ces idées des êtres possibles dans l'intelligence divine sont les types d'après lesquels Dieu a créé toutes choses, par un acte de sa libre volonté, en choisissant entre tous les êtres possibles ce qu'il lui paraissait le mieux de créer. C'est ainsi qu'un architecte forme en son esprit le plan de ce qu'il se propose de dessiner ou de bâtir, choisissant aussi, pour de bonnes raisons, non point toujours la chose la plus parfaite en elle-même, mais celle qui est le mieux, tout bien considéré.

De la même manière, pour ce qui regarde la communication des idées (en continuant la comparaison), l'architecte peut, s'il le veut, garder pour lui-même son idée, ou, si cela lui plaît, en communiquer tout ou partie à un autre esprit, et alors cette idée devient la pensée ou l'idée de cet autre esprit. Cependant, c'est toujours essentiellement l'idée originale, et l'idée du premier architecte demeure toujours *objectivement* quelque chose de distinct de *l'idée* du second, considéré comme récipient.

Suivant cette analogie nous disons que l'idée d'existence et les idées des existences, que nous trouvons dans notre esprit et qui ont été formées à l'occasion des sensations, sont les mêmes qui étaient originellement dans l'esprit de Dieu, qui, voyant toute la création, a vu aussi les modes suivant lesquels les forces de l'univers seraient perçues par nous et les a classées en *choses*, *objets* et *êtres* (1).

Ces idées, Rosmini l'enseigne, ont pu seulement entrer dans notre esprit par une communication divine, au moyen de la faculté de l'intelligence, ou par l'intuition de l'idée d'existence, qui s'allie avec les sensations perçues par nous, dans l'unité et l'identité de l'être humain, doué à la fois de *sensibilité* et d'*intelligence*. C'est ainsi le même *Moi* qui sent et qui connaît, qui connaît qu'il sent et qui sent qu'il connaît ; le résultat de tout cela est la perception intellectuelle des objets, ou la formation des idées et leur application (2).

Saint Thomas dit : *Esse*, *in quantum est esse*, *non potest esse diversum* (*Contra Gentes*, I, 52.) Conséquemment l'idée d'existence ou d'être possible dans l'intelligence divine est de la même essence que l'idée d'existence dans l'intelligence de l'homme. C'est pourquoi elle est la communication faite à l'homme de quelque chose qui, considéré en lui-même, est divin, puisque les idées en Dieu sont sa divine substance. En Dieu elles sont Dieu. Mais, s'il en est ainsi, objecte-t-on, « on admet que

1. *Qui cognoscit perfecte naturam universalem, omnes modos cognoscit in quibus illa natura potest haberi.* (S. Thom., *C. Gentes*, I, 50, et passim.)

2. Rosmini enseigne qu'il y a un sens spirituel aussi bien qu'un sens corporel, de telle sorte que l'âme se sent comme elle se connaît

l'homme est par nature en communication avec la substance divine, ce qui est l'erreur des ontologistes et mène logiquement au panthéisme ».

Rosmini répond, dans sa réplique à Gioberti, que l'intelligence humaine a seulement l'intuition de la lumière qui vient de Dieu et qui est, par conséquent, un *bien una appartenenza* de Dieu. Il est vrai que tout bien de Dieu est Dieu, si nous le considérons comme il est en Dieu ; mais, si nous le considérons, abstraction faite de tout ce qui est en fait une réalité en Dieu, c'est un bien de Dieu, comme la divine bonté et la divine sagesse sont des biens de Dieu sans être Dieu lui-même ; car Dieu n'est pas seulement sagesse et bonté. Ainsi, quoiqu'il n'y ait pas en Dieu de distinction réelle autre que celle des trois personnes divines, Dieu est cependant capable de distinguer *mentalement* ses *idées* de sa divine *substance ;* et, de même que l'homme peut abstraire ses idées de lui-même et communiquer tout ou partie de ses idées à son prochain, sans communiquer sa propre substance ; de même Dieu peut abstraire ses idées de lui-même et les communiquer en tout ou en partie — par exemple, communiquer l'idée d'existence ou d'être — sans communiquer à l'homme sa divine substance. Il peut manifester son *idée* sans manifester sa *réalité* ou sa subsistance ; et, à l'objection de Gioberti (que « cette idée doit être Dieu, puisque toute chose est ou Dieu ou créature, mais que l'idée d'*être* n'étant pas une créature puisqu'on lui trouve des caractères divins, doit être Dieu », Rosmini répond : « Tout être *réel* doit être ou Dieu, ou créature, mais non tout être *idéal*. L'idée d'*être*, séparée de la réalité de Dieu, n'est ni Dieu ni créature; c'est une chose *sui generis*, un *bien de Dieu*. »

L'idée d'existence est la *lumière* de l'esprit, à cause de son analogie avec la lumière matérielle, de telle sorte que la lumière de la raison est le nom universellement donné au principe constitutif qui informe l'intelligence. Car, de même que c'est par la lumière matérielle que notre œil est éclairé de manière à recevoir l'impression de forme et de couleur qui nous aide à distinguer une chose d'une autre, — sans cette lumière, en effet, l'univers tout entier demeurerait parfaitement obscur, — de même l'idée d'existence est la *lumière de notre esprit*, lumière à l'aide de laquelle nous distinguons actuellement les objets et connaissons les existences, lorsque notre œil est éclairé par la lumière matérielle, ou lorsque nous recevons d'autres impressions sur les sens.

La *lumière de la raison* est, suivant Rosmini, ce que la philosophie, marchant sur les traces d'Aristote, appelle *lumen intellectus agentis,* lumière dont saint Thomas a dit que c'est *participatio luminis in nobis impressa, seu participatio Lucis æternæ.*

Saint Jean nous dit : *Deus erat Verbum... erat Lux vera quæ illuminat omnem hominem venientem in hunc mundum.*

« Le Verbe de Dieu est la lumière qui illumine tout homme venant en ce monde. »

C'est cette « idée d'existence », ou cette « lumière de l'être » donnée à l'homme qui constitue l'*objectivité* de la vérité, en tant que vue par l'esprit humain. Car la vérité est ce qui *est,* de même que la fausseté est ce qui *n'est* pas. C'est là ce qui fait l'homme intelligent et ce qui lui donne une loi morale, à l'aide de quoi il voit l'entité ou l'essence des choses et reconnaît le devoir qu'il y a pour son propre être, d'agir envers chaque être, fini ou infini, créature ou Dieu, conformément à l'essence d'être qu'il contemple dans la lumière de la vérité de l'être.

Ainsi, d'après Rosmini, est assurée l'objectivité de la vérité ; et la règle suprême de la morale et de la religion se résume dans la grande sentence de Rosmini, que l'on appelle le *commandement divin* dans la conscience de l'homme : *Riconoscere l'ente secondo la sua entita. (Reconnaître l'être suivant l'entité qui est en lui.)* Rosmini montre aussi que ce même principe de la raison naturelle, lorsqu'il est surélevé par la grâce divine, devient le grand principe de la foi et de la charité, nous dictant le devoir, nous donnant le pouvoir d'aimer Dieu par-dessus tout et notre prochain comme nous-mêmes ; inspirant à l'âme de l'homme d'accomplir des actes de sacrifice surnaturel ; s'élevant jusqu'à Dieu par le sens intime de la présence ou de l'amour de Dieu dans l'âme et par la conviction du néant de toutes choses, excepté en tant qu'elles rendent gloire à Dieu quand on en use conformément à la volonté infiniment parfaite de Dieu : volonté suivant laquelle le Créateur traça le plan de l'univers, et volonté que Dieu fait connaître à l'homme par la lumière naturelle et surnaturelle aussi bien que par les manifestations extérieures de sa providence.

Je ne veux pas terminer cette courte introduction à l'*Esquisse des Systèmes de philosophie moderne* sans remercier M. le commandeur Xavier Roux, qui, à diverses reprises, m'a offert l'hospitalité des *Annales de Philosophie chrétienne*.

Guillaume LOCKHART,
Procureur général des Rosminiens à Rome.

Saint-Etheldreda,
Londres, septembre 1882.

1. Voir les *Annales* de février et novembre 1882.

ESQUISSE

DES

SYSTÈMES DE PHILOSOPHIE
MODERNE

I. LOCKE (1632-1704).

Locke entreprit de résoudre le problème de l'origine des idées. D'après lui, toutes les idées viennent des *sens* secondés par la *réflexion*.

Par réflexion, ce philosophe entend le travail de la faculté réfléchissante de l'âme humaine s'exerçant sur les sensations. Il suit de là que Locke refuse à l'esprit toute idée innée.

Par idée innée nous entendons les idées ou les connaissances que l'homme possède dans son esprit par nature.

II. CONDILLAC (1715-1780).

La philosophie de Locke fut propagée en France par Condillac, mais avec quelques modifications qui sont propres à ce dernier philosophe.

Condillac prétend avoir simplifié le système idéolo-

1

gique de Locke en supprimant la *réflexion*, qu'il considère comme une pure sensation.

Il ramène donc toutes les connaissances humaines à la sensation seule. Il soutient, par suite, que l'homme ne possède qu'une faculté — à savoir la faculté de sentir. Mémoire, imagination, intelligence et raison ne sont que des formes différentes de la sensation.

Ce système eut les conséquences les plus désastreuses, aussi bien en morale qu'en religion. Car, si l'homme n'a pas d'autre faculté que celle de la *sensation*, il s'en suit que le bien et le mal ne sont que des sensations agréables ou désagréables. Dans ce cas la moralité consisterait à nous procurer des sensations agréables et à éviter toutes celles qui sont désagréables.

Ce système immoral fut développé en France par Helvétius (1713-1771), tandis que Bentham (1748-1832), le chef de l'école *utilitarienne* anglaise, travaillait, en l'enseignant, à développer la prospérité publique en Angleterre.

III. Berkeley (1684-1752).

L'évêque anglican Berkeley fut élevé dans les principes de Locke. Ses intentions étaient bonnes. Pendant que quelques philosophes déduisaient le *matérialisme* du système de Locke, lui s'efforçait d'en tirer le *spiritualisme* de la manière suivante.

Acceptant le principe, alors généralement admis, que toutes les connaissances humaines doivent se ramener à une série de sensations, il observa que les sensations n'avaient pas d'existence en dehors de l'être qui les éprouve et dont elles constituent autant de modifications. Les sensations n'existent donc pas hors de l'homme, mais seulement dans l'homme, dans l'âme humaine.

Mais de là il suit que, si l'homme ne connaît rien au delà de ses sensations, les objets de ses connaissances, loin d'exister en dehors de lui, n'existent que dans son âme comme autant de modifications de son propre esprit. C'est pourquoi tout le monde extérieur n'existe qu'en apparence et ne se compose que de sensations qui se manifestent dans l'âme comme autant de modifications de son être.

Ce système, qui nie l'*existence externe* des corps, et ne reconnaît que l'existence de l'esprit, est appelé *idéalisme*.

Berkeley appliqua son système à l'analyse des corps. Il examina toutes les qualités que nous attribuons aux corps et montra que ce sont seulement des sensations que nous éprouvons nous-mêmes. Il en conclut que toute la connaissance que nous avons des corps consiste dans un agrégat de sensations, et que ce que nous appelons *les qualités des corps* n'existe pas, comme on le suppose communément, dans les corps mêmes, ou en dehors de nous, mais seulement en nous.

D'où tirons-nous les sensations? — Berkeley se pose cette question dans ses célèbres « *Dialogues de Philonous et de Philylas.* » — Il répond qu'elles sont produites dans l'âme humaine immédiatement par Dieu. Il montre, par le fait des rêves, que la présence des objets corporels n'est point nécessaire pour que nous soyons persuadés de leur présence; le sentiment de leur présence suffit. Dès lors, suivant Berkeley, la vie humaine n'est qu'un rêve continu, avec cette différence seulement, que, dans la vie, les diverses sensations sont liées l'une à l'autre avec constance et harmonie, tandis que, dans les rêves, cette harmonie et cette constance leur font défaut : les sensations de la vue, par exemple, et les images ne correspondent pas à celles du toucher.

IV. HUME (1711-1776).

Hume fut élevé, lui aussi, dans les principes de Locke. Il accepta comme principe certain, et sans examen, que toutes les connaissances humaines peuvent se ramener à la sensation. Mais, tandis que Berkeley était arrivé par ce principe à l'*idéalisme*, lui aboutit au scepticisme, c'est-à-dire, au système qui nie toute certitude aux connaissances humaines.

Il se dit : Tout le raisonnement humain est basé sur le *principe de causalité*, qui peut se formuler ainsi : « Voilà un effet ; donc il doit y avoir une cause. » Mais, ce principe, continue-t-il, est faux et trompeur, car l'homme ne connaît que ses sensations et la sensation ne peut être la cause de rien.

De fait, une cause est telle seulement en tant qu'elle agit : c'est une entité active. Mais la sensation n'est pas une entité ; c'est la modification d'une entité ; elle n'est pas active, elle est passive : donc la sensation ne peut pas être une cause.

Or, nous ne connaissons que nos sensations : c'est pourquoi nous ne savons rien sur les causes. Ce que nous appelons « cause et effet » n'est que des sensations antécédentes ou subséquentes, et nous raisonnons faussement lorsque nous supposons que la sensation qui précède est la cause de celle qui suit. L'argument *post hoc*, *ergo propter hoc* est un raisonnement faux ; toutes les fois donc que nous parlons des êtres du monde visible, comme de causes et d'effets, nous tentons l'impossible, car il est certainement impossible de passer des sensations à la connaissance de n'importe quelle cause.

L'impiété du système est manifeste, puisque, en niant ou en mettant en doute le principe de causalité, nous nions ou nous mettons en doute l'existence de la première cause, — l'existence de Dieu même.

V. REID (1710-1796).

Les conséquences désastreuses, que deux esprits aussi puissants que l'étaient Berkeley et Hume, avaient tirées des principes de Locke, excitèrent et alarmèrent le philosophe écossais Reid. Il vit que ces conséquences anéantissaient le monde externe et détruisaient la certitude des connaissances humaines avec une telle rigueur de logique, que, les prémisses accordées, il n'était pas possible d'échapper à la conclusion.

D'autre part il vit que ces conséquences étaient contraires au sens commun de l'humanité et qu'elles détruisaient toute moralité et toute religion. C'est pourquoi il dit : « Elles ne peuvent pas être vraies. »

La conclusion de Reid fut que les prémisses étaient fausses et que le système de Locke, au lieu d'être accepté aveuglément, devait être soumis à nouveau à un profond examen, dans le but de découvrir ce qu'il y avait de faux à la base.

Il se mit à l'œuvre, fit cet examen avec toute la vigueur

de son génie, et à la fin, il fut convaincu qu'il avait réussi.

Reid observa que, dans le fait de la perception humaine, il y avait quelque chose de plus que la sensation. S'il était vrai que l'homme ne connût rien en dehors de ses sensations, il ne pourrait rien affirmer en dehors d'elle. Mais l'expérience nous montre que nous affirmons l'existence d'*êtres réels*, qui ne sont pas nos sensations ; puisque nous avons conscience de connaître non seulement les modifications de notre propre esprit, mais encore des *substances* qui ne sont pas nous-mêmes et qui exercent cependant une action sur nous. Nous devons, dès lors, conclure que nous n'avons pas seulement la faculté de la sensation, mais que nous possédons encore une autre faculté mystérieuse, et que, toutes les fois que nous éprouvons une sensation, c'est cette seconde faculté qui nous oblige à affirmer l'existence de quelque chose en dehors de la sensation.

Arrivé à ce point le philosophe écossais se trouva en face des difficultés suivantes, qui constituent le grand nœud du problème idéologique.

Comment pouvons nous expliquer cette faculté qui affirme ce que nous ne trouvons pas dans la sensation ?

L'objet de cette faculté, n'étant pas fourni par la sensation, où réside-t-il ? — Qu'est-ce qui le présente à notre perception ?

Reid chercha à répondre à ces difficultés de la manière suivante : il se dit : « Nous devons aller au delà des phénomènes. Or, il est attesté que nous percevons la substance et l'*être,* choses qui ne tombent pas sous nos sens, qui diffèrent entièrement des sensations, mais que nous percevons à l'occasion des sensations. C'est pourquoi, nous devons admettre que l'âme humaine possède par nature un *instinct* qui nous conduit à cette perception. Cet instinct est une faculté primitive, qui doit être acceptée comme un fait dernier et inexplicable. »

D'après Reid, il y a donc en nous une « *suggestion naturelle,* » comme il l'appelle, en vertu de laquelle, lorsque nous éprouvons des sensations, au lieu de nous arrêter là, nous poussons plus loin par un acte de pensée, et nous arrivons à nous persuader de l'*existence d'êtres réels,* qui sont la *cause de nos sensations* et auxquels nous donnons le nom de corps.

Grâce à cette faculté première, qui affirme ou perçoit la substance corporelle même, Reid crut avoir réfuté l'*idéalisme* de Berkeley et garanti l'existence des corps. Il crut aussi qu'en établissant le critérium de la certitude sur cette faculté première, il avait donné le coup de grâce au scepticisme de Hume. Il s'imaginait avoir ainsi réconcilié la philosophie avec le sens commun de l'humanité et avoir remédié au divorce que les philosophes anglais avaient établi entre les deux.

Le mérite des penseurs de l'école écossaise consiste en ceci, qu'ils ont été les premiers à essayer de délivrer la philosophie du sensualisme de Locke et de Condillac.

VI. KANT (1724-1800).

Tandis qu'on supposait que l'école écossaise avait enfin établi, une fois pour toutes, la philosophie sur une base solide, le célèbre sophiste de Kœnigsberg vint ébranler ses fondements et plus complètement qu'on ne l'avait fait jusqu'alors. Prenant au mot le chef de l'école écossaise, il se mit à raisonner avec lui à peu près de la manière suivante : « Vous avez raison de soutenir que notre croyance à l'existence des corps ne vient pas des sens, mais d'une faculté totalement différente. L'esprit humain est, par sa propre nature, obligé d'affirmer l'existence des corps, lorsque notre sensibilité éprouve des sensations. Mais, s'il en est ainsi, notre croyance à l'existence des corps est un effet de la nature de l'Esprit humain, d'où je conclus que, si notre esprit était différemment constitué, nous ne serions pas forcés d'affirmer que les corps existent. C'est pourquoi, la vérité de l'existence des corps est *subjective*, c'est-à-dire, relative à l'esprit qui l'affirme ; mais elle n'est en aucune façon *objective*. Nous sommes sans doute obligés d'admettre l'existence des corps, parce que nous sommes constitués de façon à ne pouvoir pas résister à cet instinct de notre nature ; mais il ne s'en suit pas que ces corps existent eux-mêmes ; il ne s'en suit pas que ces corps aient une existence indépendamment de nous. »

Ce raisonnement, Kant l'appliqua à toutes les connaissances humaines en général. Il soutint que puisqu'elles sont, toutes et chacune, des actes et des produits de l'esprit humain et que l'esprit humain ne peut pas sortir de lui-même, il ne peut y avoir qu'une vérité et qu'une certitude *subjective*. C'est pourquoi nous ne sommes jamais sûrs que les choses sont telles qu'elles paraissent.

Pour appuyer ce raisonnement, il observa que tous les êtres agissant conformément à la loi de leur nature, leurs produits portent le cachet de ces lois ; d'où il conclut que, toutes nos connaissances étant des produits de notre esprit, elles doivent nécessairement être conformes à sa nature et à ses lois.

« Qui peut dire, ajoute-t-il, que, s'il y avait un esprit constitué différemment du nôtre, il ne verrait pas les choses d'une manière toute différente de ce qu'elles nous paraissent ? Le miroir ne reflète-t-il pas les objets suivant la forme que ces objets y prennent : le miroir concave les présentant allongés et le miroir convexe au contraire les présentant raccourcis ?

« L'esprit humain, continue-t-il, donne ses propres *formes* aux objets de ses connaissances, mais il ne reçoit pas ces formes des objets eux-mêmes. Le rôle du philosophe consiste à découvrir ce que sont ces formes, en les parcourant une à une et en définissant chacune conformément à ses limites. Pour cela, tout ce qui est *requis*, c'est d'observer soigneusement tous les objets des connaissances humaines et de transférer les formes de ces objets à l'esprit humain lui-même, en se délivrant ainsi de l'illusion *transcendantale* qui nous conduit à supposer que les formes appartiennent aux objets, alors qu'elles sont, en réalité, les formes de notre propre esprit. »

Cette tâche, Kant entreprit de l'accomplir dans le livre qui a pour titre : *Critique de la Raison pure*. Voici sa méthode :

La *sensibilité*, d'après Kant, a deux formes. Il assigne aux sens externes une de ces formes qu'il appelle l'*espace*, et au sens interne l'autre forme, qu'il appelle le *temps*. A l'*intelligence* il assigne quatre formes : *quantité, qualité, modalité* et *relation*. A la Raison il donne trois formes, à savoir : *matière absolue, tout absolu, esprit absolu*, c'est-à-dire, en d'autres termes, la matière, l'univers et Dieu.

Avec cette méthode Kant prétend concilier les systèmes de philosophie les plus opposés. Il classe ces systèmes en deux grandes catégories : les systèmes *dog-matiques,* et les systèmes *sceptiques*. Parmi les *dogma-tiques* il range ceux qui admettent la vérité et la certitude des connaissances humaines, et il place ceux qui les nient dans les systèmes *sceptiques*. Kant disait que des deux côtés on avait raison : les dogmatistes avaient raison parce qu'il existait une vérité et une certitude, à savoir, la vérité subjective ou relative. Les sceptiques avaient raison, eux aussi, parce qu'il n'existe pas de vérité et de certitude objective dans les objets considérés en eux-mêmes, puisque l'homme ne peut rien connaître comme cela est en soi.

Kant appela son système du nom de *critique* parce qu'il faisait la critique non seulement de tous les systèmes précédents, mais encore de la raison humaine. Il l'appela aussi Philosophie transcendantale, parce que, s'élevant au-dessus des sens et de l'expérience, il soumettait à sa critique tout ce que l'homme croyait connaître sur le monde sensible.

Le système de Kant est cependant, en réalité :

1° *sceptique,* parce que la vérité et la certitude subjectives qu'il admet ne peuvent que, par un abus de mots, être appelées vérité et certitude.

2° *Idéalistique,* puisqu'il admet seulement l'existence subjective des corps, et déclare qu'ils ne sont que le simple produit de l'instinct et des formes innées de l'esprit humain. Il n'admet les corps qu'en apparence et nie en réalité leur existence ; de plus, ce système est l'idéalisme transporté du *particulier* au *général*. L'idéalisme, que Berkeley avait appliqué aux corps seulement, est étendu par Kant, comme il l'avait été auparavant par Hume, à tous les objets des connaissances humaines, soit corporels, soit spirituels, soit concrets, soit abstraits.

3° *Athée,* parce que si la raison humaine ne peut pas nous garantir la vérité absolue et objective des objets présentés à notre perception, il n'est pas possible de connaître avec certitude l'existence de Dieu, et Dieu est réduit à n'être plus qu'un phénomène subjectif. Kant admet tout cela avec une parfaite franchise. En fait, il critique tous les arguments employés par les philosophes pour démontrer l'existence de Dieu, et il prouve, à ce qu'il croit, qu'ils sont futiles et sans valeur.

4° *Panthéistique,* parce que, dans ce système, il ne reste que l'esprit, qui produit et se figure toutes choses, à l'aide de l'instinct qui lui est inhérent et des formes innées. Il s'en suit qu'il existe une seule substance, qui est le sujet humain lui-même, substance qui implique l'univers tout entier et Dieu même ; de telle sorte que, dans ce système, Dieu devient une modification de l'homme.

5° *Spiritualiste* et en même temps *matérialiste,* parce que ce que nous appelons *matière* est *objectivement l'homme* comme produit par lui-même et que ce que nous appelons *esprit* est aussi *objectivement l'homme* se produisant et se modifiant lui-même. Et c'est pourquoi l'esprit humain devient en même temps *esprit* et *matière.*

VII. FICHTE (1762-1814).

Fichte était disciple de Kant. En publiant son ouvrage de *La science de la connaissance (Wissenschaftslehre),* il se proposait de donner une explication scientifique du système de Kant; mais Kant répudia l'explication et c'est ainsi que Fichte apprit qu'il avait inventé un système qui lui était propre.

Voici la différence entre la *Philosophie critique* et l'*Idéalisme transcendantal*, comme Fichte appelait son système.

Tout en soutenant que nous n'avons pas le moyen de savoir si les objets qui nous frappent sont en réalité tels qu'ils nous le semblent, Kant ne niait pas cependant qu'il pût en être ainsi, et que ces êtres n'aient une existence indépendante de nous, quoique nous n'ayons aucun moyen de nous en assurer. Fichte alla plus loin : il nia jusqu'à cette possibilité. De plus, il soutint que ces objets n'étaient rien autre chose que le produit de l'esprit humain. Il raisonnait ainsi : « Les objets de la connaissance sont, tous, des produits de l'acte de connaissance; mais l'acte de connaissance est le produit de l'esprit humain : c'est pourquoi les objets de la connaissance sont aussi des produits de notre propre esprit. Ces objets, continuait-il, peuvent être réduits à l'univers visible, à Dieu et à nous-mêmes. Conséquemment l'univers, Dieu et nous mêmes sont autant de produits de notre propre esprit, qui les place devant lui comme objets de sa connaissance.

Fichte explique ensuite comment l'esprit humain produit de lui-même toutes ces choses. Il dit que, par une première affirmation ou création, le *moi* se fait lui-même. Avant que l'homme dise *moi*, il n'existe pas encore sous la forme de *moi*. Par une seconde affirmation, l'homme, le *moi* établit ou crée le *non-moi*. Le *non-moi*, d'après Fichte est tout ce qui n'est pas le *moi*, c'est-à-dire, le monde extérieur, la divinité, et tous les objets de la

pensée humaine quels qu'ils soient. Or, ces deux actes
par lesquels notre esprit produit le *moi* et le *non-moi*,
sont des actes corrélatifs, de telle sorte que l'un ne peut
pas exister sans l'autre. L'esprit humain ne peut pas s'affirmer lui-même, sans opposer son *lui-même* avec ce qui
n'est pas *lui-même*, et, par cet acte, il se distingue de tout
le reste. Il ne peut pas affirmer le *non-moi* sans l'opposer
au *moi* et sans trouver qu'il diffère de lui-même.

Cette double création du *moi* et du *non moi* est, d'après
Fichte, la première opération de l'esprit humain, opération qu'il appelle aussi *intuition*. Cette *intuition* a deux
relations ou deux termes qui sont opposés réciproque-
ment l'un à l'autre. Grâce à cette première et mystérieuse
opération, Fichte croit avoir expliqué non seulement
l'origine de la connaissance humaine, mais encore l'existence des autres choses : En effet, puisque le *non-moi*
renferme tout ce qui n'est pas *moi*, il renferme Dieu aussi
bien que le monde extérieur, et c'est ainsi qu'il arrive à
cette proposition absurde, que non seulement le monde
extérieur, mais que Dieu lui-même est une création de
l'homme.

Ce système est nommé *Idéalisme transcendantal*, parce
qu'il applique le principe idéalistique de Berkeley à tout,
sans exception, tirant avec une logique inexorable toutes
les conséquences et découvrant l'abîme qui était caché
dessous. La *Philosophie critique* de Kant laissait douter si
les êtres avaient oui ou non une existence propre. Fichte
se prononça pour la négative et il fit ainsi du scepticisme
critique de Kant un scepticisme *dogmatique*.

Le système de Fichte donna naissance, en Allemagne,
à deux autres systèmes : au système de l'*Identité absolue
de Schelling* et au système de l'*Idée absolue d'Hégel*, mais

nous nous abstenons d'en faire l'exposé, parce qu'ils ne vont pas à notre but.

VIII. Critique des systèmes précédents

Les observations de Reid sur le sensualisme de Locke et de Condillac, de Berkeley et d'Hume sont parfaitement justes, fondées qu'elles sont sur une étude plus complète des phénomènes de l'esprit humain.

Reid disait : Si l'homme n'avait pas d'autre faculté que celle de la sensation, il ne ferait que *sentir*, il ne *penserait* pas. La pensée est quelque chose de plus que la sensation, car nous pensons à ce que nous ne sentons pas. Nous atteignons, par exemple, la substance, la cause et l'esprit par la pensée, et cependant toutes ces choses ne tombent pas sous nos sens. C'est pourquoi les objets de la pensée humaine ne sont pas de simples sensations. Quelque évident que soit le fait, il est difficile de comprendre *comment* il a lieu. Il est encore bien plus difficile de comprendre, quoique cela soit également évident, que nous *pensons* des sensations d'une manière bien différente de celle dont nous les *sentons*. En fait, notre esprit affirme la sensation en lui-même, et cela indifféremment, que la sensation soit présente, passée ou future. Par exemple, je pense à l'agréable odeur de la rose que je sentis hier ; la sensation n'est plus présente mais la pensée en reste. C'est pourquoi « la sensation » n'est pas la même chose que « la pensée de la sensation ».

Nous pouvons en dire autant de nos sensations futures. Je pense aux sensations agréables que je compte éprouver demain, à la chasse ou au banquet. Les sensations n'existent pas encore ; cependant, la pensée en est déjà présente. La *pensée* diffère donc essentiellement de la *sensation*. Tel étant le cas, je suis obligé de conclure que, même lorsque la sensation et la pensée de la sensation sont toutes les deux présentes en même temps, non seulement elles diffèrent essentiellement, mais qu'elles sont indépendantes l'une de l'autre.

De plus, qui n'a observé que bien des fois nous éprouvons des sensations sans penser à elles, particulièrement lorsqu'elles ne sont pas vives, ou lorsqu'elles sont habituelles, multiples, comme celles que nous éprouvons à chaque moment de notre existence. Elles passent sans qu'on les remarque ; notre esprit, particulièrement s'il est distrait ou occupé, n'a pas le temps de réfléchir à elles. Nous pouvons, par suite, comprendre aisément qu'il y ait des êtres purement sensitifs, et qu'il y en ait d'autres chez lesquels la pensée est unie à la sensation ; les premiers sont ceux qui n'ont que la vie animale brute ; les seconds sont les êtres humains. Cette distinction une fois admise démolit le principe fondamental de Locke et de ses successeurs. Locke confondait la sensation avec la pensée et essayait d'appliquer à la pensée ce qui ne s'appliquait qu'à la sensation.

Vraie nature de la pensée.

Jusque-là Reid avait raison en combattant les *sensualistes ;* mais lorsqu'il fallut réfuter les sceptiques, il se trouva embarrassé. Voyant, en effet, la nécessité d'appuyer la philosophie sur la pensée et de donner une ex-

plication satisfaisante des phénomènes de la pensée
apercevant de plus qu'on ne pouvait en rendre compt
uniquement par les sens, il affirma hardiment qu'il falla
les attribuer à un instinct particulier et essentiel de l
nature humaine. En agissant ainsi, il ne fit attentio
qu'à la partie *subjective* de la pensée, de telle sorte qu
perdant de vue l'élément objectif, il ne saisit pas la vrai
nature de la pensée elle-même. Il est, en effet, de la na
ture de la pensée qu'il y ait toujours devant le *sujet* u
objet qui ne peut jamais être confondu avec lui, mais qui
au contraire, en est toujours distingué. Et c'est dans cett
distinction continue et nécessaire que la pensée consiste
de telle sorte que, si jamais l'*objet* venait à être confond
avec le *sujet*, la pensée cesserait par là même d'exister.

Kant se prévalut de cette erreur ou de cette omissio
de Reid, pour soulever des doutes, non seulement su
l'existence des corps, mais encore sur tous les objets de
connaissances humaines, en soutenant qu'ils sont tou
des produits d'un instinct irrésistible de la nature hu
maine et, par conséquent, des *créations subjectives* d
l'esprit humain. L'Idéalisme transcendantal de Ficht
n'est que le complément logique du système de Kant.

Nous pouvons faire connaître l'erreur de Kant, qui es
à la base de tout le Panthéisme allemand, par le raisonnement suivant : « Je sais que je suis l'objet de m
pensée et que l'objet de ma pensée n'est pas moi-même
Ainsi je sais que je ne suis pas le pain que je mange, l
soleil que je contemple, la personne avec qui je converse
Cela est évident, parce que je me connais si bien que,
si je ne me connaissais pas, je n'existerais plus. Par conséquent rien ne peut être *moi*, sans que je le sache. Mais
je ne sais pas que le pain, le soleil, la personne avec

qui je converse, sont moi-même. Donc je sais qu'ils ne sont pas moi-même. »

Kant pouvait seulement répondre que nous sommes trompés et que des choses peuvent être nous-mêmes, sans que nous le sachions. Mais cela ne peut être, car, si je ne savais pas cela, je ne serais pas moi-même, puisque le *Moi* implique la conscience de moi-même. Sans cette conscience de soi-même, le *Moi* ne serait pas le *Moi,* mais quelque autre chose. Donc les objets qui sont devant ma pensée sont essentiellement distincts de moi-même. Pour la même raison ils ne peuvent pas être des modifications de moi-même, car, s'il en était ainsi, ils existeraient dans ma conscience, comme des modifications de moi-même, puisque la nature du *Moi* consiste dans cette conscience de moi-même.

Pont de communication entre nous-mêmes et les objets extérieurs.

Les Idéalistes répliquent : « Mais quel est alors le pont de communication entre le *Moi* et les objets *extérieurs* au moi? Le *Moi* peut-il sortir de lui et atteindre ainsi une chose qui est en dehors de lui? »

A cela nous répondons que, toute difficile qu'est la question, que, cette question serait-elle insoluble, cela n'infirmerait pas l'affirmation d'un fait pleinement vérifié. La saine logique demande que, lorsque nous avons vérifié un fait, nous ne le nions pas uniquement parce que nous ne savons comment l'expliquer. La seule conclusion à tirer c'est d'admettre notre ignorance. Tel n'est cependant pas notre cas en ce moment.

3

En réfléchissant sur ce sujet, nous verrons que cette objection vient de ce que nous pourrions appeler une *ontologie matérialiste*, ontologie qui pousse nos idéalistes à appliquer à tous les êtres, soit spirituels, soit corporels, les lois qui regardent uniquement la matière, par exemple, une loi des êtres corporels est l'impénétrabilité des corps, de telle sorte qu'un corps ne peut pas se trouver à la place occupée par un autre. Mais comment savons-nous que cette loi peut s'appliquer aux êtres incorporels? Il n'y a pas de raison de supposer que les esprits ne puissent pas être soumis à des lois totalement différentes ; au contraire, c'est plutôt ce à quoi nous devons nous attendre, connu la différence qui existe entre le corps et l'esprit.

Comment donc pouvons-nous juger la nature de l'esprit?

Certainement ce n'est pas en raisonnant d'après l'analogie des corps, mais en observant et en considérant attentivement ce que les esprits sont en eux-mêmes. Or, si nous observons et si nous considérons attentivement l'esprit intelligent qui nous appartient, ses qualités actives et passives, nous arrivons à voir clairement qu'il obéit à des lois totalement différentes de celles qui gouvernent le corps, de telle sorte qu'au lieu de pouvoir dire qu'il est impénétrable dans sa nature, nous découvrons que les objets de la pensée peuvent exister en lui, non seulement sans être confondus avec lui, mais pendant qu'ils demeurent parfaitement distincts et différents de lui. Le mot « *objet* », employé dans le langage ordinaire, exprime ce fait par son étymologie, puisqu'il signifie quelque chose qui est opposé — *Objectum*. Tel est le résultat de l'observation, et, puisqu'il n'implique pas d'absurdité, il faut l'accepter. Il n'est donc pas besoin de pont de communication entre notre esprit et les objets extérieurs, puisque nous le trouvons immédiatement dans l'esprit par ce mode immatériel que nous appelons *connaissance* et *science*.

L'étude des objets sensibles provoquera des réflexions semblables, si nous considérons l'âme comme un principe sensitif. Aucun principe de ce genre ne peut exister sans avoir un *terme* sensible, c'est-à-dire quelque chose qu'il sent. Nous n'appelons pas cela un *objet*, mais un *terme*, parce que nous réservons le premier mot pour l'ordre intellectuel. Tout principe sensitif a donc un terme qu'il sent.

Or, c'est un fait d'expérience que le terme senti reste toujours dans le principe sentant et ne peut aller au dehors ou au delà de lui. C'est également un fait d'expérience que la chose *sentie* n'est pas le principe *sentant*. Sous la dénomination de chose sentie ou de terme sensible sont renfermées toutes les choses sensibles sans exception.

De ces faits incontestables découlent deux conséquences : la première est que les choses *sensibles* ou les choses senties ne peuvent jamais se confondre avec le principe *sensitif* ou le principe qui les ressent ; et cela suffit pour réfuter l'idéalisme de Berkeley. La seconde conséquence est celle que Gallupi a bien relevée — à savoir, que les sens affirment et perçoivent les choses extérieures immédiatement sans avoir besoin de n'importe quel pont de communication.

Ces considérations prouvent rigoureusement que les systèmes de Kant et de Fichte sont basés sur une observation incomplète de la nature, observation incomplète qui conduisit ces philosophes à confondre ensemble deux choses diamétralement opposées, à savoir le *sujet*, ou l'être connaissant, et l'*objet* ou l'être connu : le « principe » qui *sent* et le « terme » qui est *senti*.

NOTRE PROPRE SYSTÈME

1) *Distinction entre le sujet et l'objet.*

Il est donc clair, d'après ce que nous avons déjà dit, que l'*objet connu* est une chose entièrement différente du *sujet* ou *être connaissant*.

Le sujet qui connaît est une personne ; l'objet, comme tel, est impersonnel. Quelquefois cependant nous pouvons dire, dans un certain sens, que l'objet connu est un sujet capable de connaître, par exemple, lorsque l'objet de la pensée est l'homme ; quelquefois aussi le sujet qui connaît est l'objet connu, par exemple, lorsque nous pensons à nous-mêmes. Néanmoins, le *sujet « qui connaît »* ne peut jamais, « *comme tel* », être confondu ou mêlé avec « l'*objet connu* ». Toujours et dans chaque cas, le *sujet* et l'*objet* conservent leur caractère propre et demeurent parfaitement distincts l'un de l'autre ; tellement distincts que s'il en était autrement notre connaissance elle-même cesserait. La distinction entre le *sujet* et l'*objet* est, par conséquent, un des traits essentiels et caractéristiques de la connaissance.

La question, par suite, se ramène à ceci : D'où notre intellect reçoit-il son objet ?

Les connaissances humaines se partagent en deux classes, en *intuitions* et en *affirmations*.

La connaissance intuitionnelle est celle qui considère *les* choses en elles-mêmes, *les* choses dans leur possibilité. Les choses considérées en elles-mêmes et dans la possibilité où elles sont d'exister ou de ne pas exister sont des idées.

La connaissance obtenue par affirmation ou par jugement est celle que nous acquérons, en affirmant ou en jugeant qu'une chose existe ou n'existe pas.

Voici les conséquences qui découlent de cette division :

1° Les connaissances par *intuition* précèdent les connaissances par *affirmation*, car nous ne pouvons pas affirmer qu'une chose existe ou n'existe pas, si nous ne savons auparavant que la chose elle-même peut exister. Par exemple, je ne puis pas dire qu'un arbre ou un homme existe, si je ne sais d'abord ce que c'est qu'un arbre ou un homme. Or, connaître ce qu'une chose est, c'est connaître la chose dans sa possibilité, car je puis savoir ce que c'est qu'un arbre, sans savoir que cet arbre existe.

2° Les *objets*, en tant que *connus*, appartiennent tous à la connaissance par intuition, parce que la connaissance par affirmation se borne à affirmer ou à nier l'existence de l'objet connu par *Intuition*. L'*Affirmation*, par suite, ne présente pas un nouvel objet à l'esprit ; elle affirme seulement l'existence de l'objet déjà connu. L'*Intuition* nous met en possession d'objets possibles, et ces objets possibles, nous les appelons des *idées*. L'*Affirmation* ne nous fournit pas de nouveaux objets possibles, ou de nouvelles idées, mais elle engendre des convictions par rapport aux objets que nous connaissons déjà.

Il y a donc des connaissances qui se limitent aux idées

et des connaissances qui se limitent à des convictions. Par les premières nous connaissons le monde possible, par les secondes le monde réel et subsistant. De là deux catégories de choses, les *choses possibles* et les choses *subsistantes*, en d'autres termes, les *idées* et les *choses*.

2) *Les idées ne sont pas le néant.*
Elles ont une manière d'exister propre à elles-mêmes.

Nous avons vu que les objets de nos connaissances sont essentiellement distincts de nous-mêmes, qui sommes les sujets des connaissances. Cette distinction de l'*objet* (connu) et du *sujet* connaissant est commune à tous les objets, n'importe lesquels, qu'il s'agisse des objets seulement possibles (*idées*), ou des objets existants (*choses*). Mais tous ces objets sont non seulement distincts du sujet connaissant; ils en sont aussi indépendants. Cette observation jette une nouvelle lumière sur la nature des idées, car la logique des faits nous oblige à conclure:

1° Que les *idées* ne sont pas le *néant ;*

2° Qu'elles ne sont pas nous-mêmes ou une modification de nous-mêmes;

3° Qu'elles ont un mode d'existence qui leur est propre, entièrement différent de celui des choses *réelles* ou *existantes.*

Ce mode d'existence appartenant aux idées est tel qu'il ne tombe pas sous nos sens corporels, et c'est pour cela qu'il a échappé à l'observation de beaucoup de philosophes, qui ont commencé leurs recherches philosophiques avec des opinions arrêtées, ou en supposant que tout ce qui ne tombe pas sous nos sens n'est rien. Ce-

pendant, c'est un fait que les objets possibles existent
véritablement, bien qu'ils ne tombent pas sous nos sens :
et c'est pour cela que nous ne pouvons pas en rendre
raison en recourant seulement aux sens corporels : ce qui
est une nouvelle et évidente réfutation du *sensualisme*.

3) *Principaux caractères des idées.*

Mais, si les idées, ou, en d'autres termes, les objets
idéaux et possibles, ne sont pas fournis par les sens, d'où
viennent-ils ?

Commençons par examiner les caractères des idées.
Ces caractères sont principalement les deux suivants :
l'*universalité* et la *nécessité*.

Un objet idéal ou simplement possible est toujours
universel, en ce sens que, pris en lui-même, il nous fait
connaître la nature d'un nombre indéfini d'individus
dans lesquels il est ou peut être réalisé. Prenez, par
exemple, l'idée d'homme. L'*idée d'homme* est la même
chose que l'*homme idéal*. Quel que soit le nombre d'individus humains dans lesquels cette idée est réalisée, c'est
toujours la même nature humaine ; cette nature est une,
les individus sont nombreux.

Or, qu'exprime et que nous fait connaître l'idée
d'homme ou l'homme idéal ? — La nature de l'homme.
C'est pourquoi, quiconque a l'idée de l'homme, s'il avait
le pouvoir de la création, serait capable de produire autant d'individus humains qu'il lui plairait. De la même
manière, cette seule idée suffit pour nous faire distinguer
tous les hommes qui peuvent jamais exister. C'est ainsi
qu'un sculpteur qui aurait conçu l'idée d'une statue,

pourrait la reproduire en marbre aussi souvent qu'il lui plairait, sans que l'idée fût épuisée. La statue idéale resterait une et toujours la même, devant l'esprit du sculpteur, comme exemplaire. Les copies matérielles seraient nombreuses, mais toutes seraient formées et connues d'après la même idée. Voilà ce qu'on entend par l'universalité des idées, universalité qui les distingue catégoriquement des objets réels qui sont toujours particuliers, et des sensations qui sont également particulières.

Le caractère de *nécessité* est aussi évident, parce que les idées étant des objets possibles, il est clair que ce qui est possible n'a jamais été autre chose que possible, c'est-à-dire qu'il est possible nécessairement. Le possible est ce qui n'implique pas contradiction; donc tout objet qui n'implique pas contradiction est nécessairement possible. Or, tous les êtres finis et réels considérés dans leur réalité sont contingents ou nullement nécessaires, contrairement à ce que sont les êtres possibles. Nous pouvons supposer qu'un être fini et réel, quel qu'il soit, existe ou n'existe pas, tandis que nous ne pouvons pas supposer une chose possible cessant d'être possible, devenant impossible. Par exemple, l'homme dans sa possibilité est nécessaire, car vous ne pouvez pas faire de l'homme un être impossible; au contraire, un homme réel est toujours un être contingent, car il peut exister ou peut ne pas exister.

L'*universalité* et la *nécessité* sont donc les deux principaux caractères des idées; mais ces caractères en renferment deux autres : l'*infinité* et l'*éternité*.

Quelque chose d'infini se trouve nécessairement impliqué dans les idées, à cause même de leur universalité. Aucun être réel et borné n'est universel; par ses limites mêmes, il est déterminé en lui-même et ne peut pas se communiquer à un autre être. Voilà pourquoi les idées n'appartiennent pas à la classe des êtres réels et limités.

Les idées sont aussi éternelles, parce qu'elles sont nécessaires ; car ce qui est nécessaire l'a toujours été et le demeurera toujours ; mais ce qui est et a toujours été est éternel.

5) Les idées existent en Dieu de toute éternité.

Ce fut l'étude de ces sublimes caractères des idées qui conduisit Platon et, après lui, saint Augustin et saint Thomas à conclure que les idées résident en Dieu comme dans leur source et leur principe (1).

De cette opinion Malebranche déduisit son système que l'homme, comme toute autre intelligence finie, voit tout en Dieu. Ce système fut défendu plus tard par le cardinal Gerdil, qui s'attacha à réfuter les attaques dirigées contre son orthodoxie théologique.

Nous n'admettons pas entièrement ce système, pour des raisons qu'il serait trop long d'exposer ici ; mais nous lui reconnaissons un fond de vérité et nous disons, en général, que les différences entre notre système et celui de Malebranche existent plutôt dans les détails que dans les principes fondamentaux.

---

1. Ideæ sunt principales quædam *formæ* vel rationes rerum stabiles atque ncommutabiles : quia ipsæ formatæ non sunt, ac per hoc *æternæ* ; ac semper eodem modo se habentes, quia *Divina* intelligentia continentur. — S. Thomas, *Summa Theol.*, II.

5) *Distinction importante entre les idées, en Dieu*
et dans l'homme.

Nous avons grand soin de distinguer les idées, en tan
qu'elles sont en Dieu et en tant qu'elles sont vues pa
notre intelligence. Les idées sont en Dieu d'une manièr
toute différente de celle où elles existent dans notre esprit. Les idées en Dieu ont un mode d'existence qui n
diffère en rien de celui de Dieu lui-même, qui est le mod
du Verbe divin. Le Verbe est en Dieu sans aucune distinction réelle, il est Dieu lui-même. Mais ce n'est poin
le cas des idées telles qu'elles sont en notre esprit.

Dans notre esprit, les idées sont nombreuses et n
constituent point, par elles-mêmes, la parole de l'homme
parce que la parole est l'expression d'un jugement, d'un
affirmation, d'un arrêt, dont le terme est toujours un
chose réelle, tandis que les idées ne font que nous fair
connaître la *possibilité* d'une réalité. C'est pourquoi le
idées sont limitées par l'esprit humain, qui les reçoit d
telle manière qu'elles ne peuvent pas être appelées Dieu
ou Verbe Divin, parce que Dieu est l'Être Réel, absolu,
qui (seul) subsiste nécessairement. Les idées, au contraire, sont seulement possibles, c'est-à-dire qu'elles
sont des êtres possibles dont nous avons l'intuition
Néanmoins les idées conservent certains caractères divins,
ceux, par exemple, que nous avons fait connaître plus
haut, de telle sorte que nous pouvons avec justesse les
appeler des biens de Dieu.

C'est pourquoi, en parlant d'une manière générale,
nous pouvons dire que l'origine des idées vient de Dieu,
qui les fait briller devant l'esprit humain : Elles ne peu-

vent pas, en effet, venir des objets extérieurs, parce que les êtres finis ne possèdent aucun de ces sublimes caractères et aucune chose ne peut donner ce qu'elle n'a pas.

7) Classification des idées d'après leur subordination. — L'idée qui seule est indéterminée, et les idées déterminées. Idées concrètes *et idées* abstraites.

Nous pouvons maintenant faire un pas de plus pour découvrir l'origine des idées, expliquer leur multiplicité, et montrer comment elles contribuent à produire les connaissances par convictions.

Nous commencerons par classifier les idées d'après l'ordre hiérarchique qu'elles ont, l'une par rapport à l'autre. Nous trouvons qu'il y a une idée, qui seule est indéterminée et complètement universelle, et cette idée est celle d'*être* ou d'*existence*. Toutes les autres idées sont plus ou moins déterminées et nous communiquent la connaissance d'êtres possibles dans une sphère plus restreinte.

Or, entre l'idée indéterminée d'*être* ou d'existence et toutes les autres idées, il y a un rapport, car toutes les autres idées contiennent l'idée indéterminée d'*être*, à laquelle on ajoute différentes limites. Prenez, par exemple, les idées de pierre, d'arbre, d'animal et d'homme, etc.

Comment obtiens-je l'idée de pierre ? — C'est un être mais non pas toute espèce d'être : c'est un être qui à la détermination de pierre.

Commment obtiens-je l'idée d'arbre ? — C'est un être qui a la détermination d'arbre.

Comment obtiens-je l'idée d'animal ? — C'est un être
encore qui a la détermination d'animal.

Comment obtiens-je l'idée d'homme? — C'est toujours un être qui a la détermination propre à l'homme.

Nous apercevons donc que l'être entre dans toutes nos
idées, ou que toute idée déterminée n'est rien autre
chose que cette même idée d'*être* accompagnée de certaines déterminations qui la délimitent. Toutes les idées
ont, par conséquent, la même base, un élément commun qui est l'être idéal ou possible.

Ces déterminations de l'idée d'*être* peuvent être plus
ou moins complètes, c'est-à-dire qu'elles peuvent déterminer l'*être* entièrement, ou le déterminer seulement par
un côté en laissant les autres indéterminés.

Ainsi, par exemple, je puis me former l'idée d'un livre
d'une certaine grandeur et d'une certaine forme, imprimé
avec certain caractère, possédant en fait toutes les autres
déterminations accidentelles d'un livre quelconque. Ceci
est l'idée déterminée d'un livre, et néanmoins cette idée
est encore générale, parce que c'est une simple idée et
non pas un livre réel; c'est un type ou un exemplaire,
que j'ai devant mon esprit ; et, d'après ce type, je puis
me former un nombre indéfini de livres réels, tous exac-
tement semblables. D'autre part, je puis avoir l'idée d'un
livre, jusqu'à un certain point indéterminé, comme lorsque je pense à un livre avec tout ce qui constitue son
essence, mais en faisant abstraction de tous les accidents
de grandeur, de forme, de caractères, etc. Lorsque les
idées sont pleinement et parfaitement déterminées, nous
les appelons idées *concrètes;* lorsquelles demeurent jusqu'à un certain point indéterminées, nous les appelons
idées *abstraites*. Mais, si à l'idée de livre j'enlève toutes

les déterminations essentielles aussi bien qu'accidentelles, l'idée de livre disparaît complètement de mon esprit, et il ne reste plus que l'idée d'*être* indéterminé.

Ainsi, les idées prennent en quelque manière la forme d'une pyramide. La première assise dans la structure est formée par des idées concrètes et complètement détermi-nées, lesquelles sont nécessairement les plus nombreuses. Les autres assises consistent d'idées moins déterminées qui diminuent au fur à mesure que nous les dépouillons de leurs déterminations. La cime de la pyramide est for-mée par l'idée d'*être*, qui seule est complètement indéter-minée.

Si nous voulons, dès lors, donner une explication sa-tisfaisante de l'origine des idées, nous devons rendre compte de deux choses, d'abord de l'idée indéterminée, ensuite des déterminations.

8) *Formation des idées déterminées.*

Pour ce qui regarde les déterminations de l'idée d'*être* (qui seule est l'idée indéterminée), nous décou-vrirons aisément leur origine à l'aide des considérations suivantes.

Supposons que l'homme possède l'idée d'*être*, c'est-à-dire, qu'il sait ce que c'est que l'être ou l'existence est, nous voyons tout de suite comment il peut transformer la sen-sation en idée. Lorsque nous éprouvons des sensations, nous pouvons, en effet, nous dire : C'est un être limité et déterminé par la sensation. Par exemple, quand je vois une étoile, je puis me dire mentalement : C'est un être lumineux, et autres choses semblables.

Les sensations me fournissent les premières détermi
nations de l'être, de telle sorte que, en pensant à un êtr
lumineux agissant sur l'organe de ma vue, je ne pens
plus seulement à un être indéterminé, mais à un êtr
ayant la détermination de lumière, lumière d'une cer
taine intensité, d'une certaine grandeur, forme, etc. Toute
ces qualités rendent l'idée déterminée et sont toutes four
nies par les sens. Mais de là il ne suit nullement que ce
déterminations de l'idée soient elles-mêmes des sensa
tions. C'est ce que nous verrons, si nous distinguon
bien les différentes opérations qui ont lieu dans la forma
tion de ces perceptions.

En fait, lorsque, en voyant une étoile, nous nous di
sons : Voilà un être lumineux, nous prononçons un
affirmation ou un jugment. Nous avons déjà montré l
distinction qui existe entre les connaissances par affir
mation et les simples idées. Nous avons dit aussi que le
premières dépendent des secondes, de telle sorte que nou
ne pouvons pas affirmer la subsistance d'un objet, s
nous n'en avons tout d'abord l'idée. C'est pourquoi, dan
le jugement par lequel nous affirmons l'étoile comm
présente devant nos yeux et que nous appelons *perception* de l'étoile, il y a déjà l'idée d'étoile. Nous devon
alors accomplir une autre opération mentale, pour isole
l'idée de tous les autres éléments de la perception. Voic
comment s'accomplit cette opération, qu'on appelle *universalisation*.

Quand j'aperçois une étoile, ma pensée est liée à u
objet sensible et particulier. Mais je puis l'en séparer e
faisant abstraction complète de la subsistance actuelle d
l'étoile, en retenant son image dans mon esprit et en l
considérant comme une étoile possible, comme un type,

un exemplaire de toutes les étoiles semblables, indéfinies en nombre, qui pourraient être réalisées par un pouvoir créateur. Mais l'étoile possible n'est qu'une simple idée déterminée.

Cette idée déterminée n'est plus la sensation, car la sensation est réelle et non pas seulement possible. Cependant il est vrai que la sensation a été l'*occasion* qui me l'a fait découvrir. Elle a été découverte par mon *intelligence*, en considérant comme *possible* ce que ma sensation me donnait comme *réel*. Et mon intelligence était capable de faire cela, si nous supposons qu'elle connaissait ce que c'est que l'*être*. L'étoile possible est *universelle*, c'est-à-dire qu'elle peut être réalisée un nombre indéfini de fois, et voilà pourquoi on appelle cette opération de notre intelligence *universalisation*.

Par l'*universalisation*, nous nous formons des idées qui sont complètement déterminées ; par l'*abstraction* nous formons ces idées qui sont seulement déterminées jusqu'à un certain point, mais qui autrement restent indéterminées. Ainsi, en supposant que, au lieu de faire seulement abstraction de l'étoile, je fais aussi abstraction de sa grandeur, de sa forme, de son degré de lumière et des autres accidents, qu'est-ce qui me reste devant l'esprit ? — J'ai toujours l'idée d'étoile, mais cette idée est abstraite ou générique, également applicable à une idée de première, seconde, troisième grandeur. Cette idée est donc partiellement déterminée, parce que l'idée d'étoile ne peut pas être confondue avec l'idée de n'importe quelle autre chose ; mais elle est aussi en partie indéterminée, parce qu'elle ne s'applique pas plus à une étoile qu'à une autre.

Donc, si l'esprit humain possède l'idée de l'être possible, il n'y a pas de difficulté à découvrir comment obtient les déterminations, qui, en quelque sorte, revê tent cet être et le transforment en d'autres idées. Ces de terminations sont occasionnées et matériellement four nies par les sensations, puis transformées en idées par l double opération ci-dessus décrite, à savoir, l'*universa lisation* et l'*abstraction*.

8) Origine de la seule idée indéterminée. — L'idée d'être ou d'existence.

Il reste encore à expliquer d'où vient l'idée d'*être*, l seule idée indéterminée. Si nous admettons que cette idé est *donnée* à l'esprit humain, il n'est pas difficile d'expl quer l'origine des autres idées, parce que, ainsi que nou l'avons vu, ces idées ne sont pas autre chose que l'idé d'être revêtue par l'esprit humain de certaines déterm nations, à l'occasion de sensations ou de sentiment n'importe lesquels, que l'homme éprouve.

Maintenant, pour résoudre le problème relatif à l'or gine en notre esprit de l'idée d'*être*, nous devons, avar tout, considérer certains corollaires qui découlent de c que nous avons expliqué plus haut.

Premièrement, l'idée d'*être* en général précède toute les autres idées. En fait, toutes les autres idées ne sor que l'idée d'être déterminée d'une manière ou d'un autre. Or, déterminer une chose suppose que nous po sédons déjà la chose à déterminer.

Secondement, cette idée ne peut pas venir de la sensa tion ou de nos sentiments, non seulement parce que le sensations sont réelles, particulières et contingentes —

tandis que l'idée d'être fait connaître à l'esprit l'être possible, universel et nécessaire quant à sa possibilité — mais aussi, parce que les sensations et les sentiments ne communiquent à l'esprit que les déterminations de l'idée d'être, à l'aide desquelles l'être est délimité et restreint.

Troisièmement, cette idée ne peut pas venir des opérations de l'esprit humain, telles que l'universalisation et l'abstraction : parce que ces opérations ne font qu'ajouter quelques déterminations à cette même idée d'*être*, ou bien les enlever lorsqu'on les a ajoutées, et cela à l'occasion des sensations ou des sentiments qu'on éprouve.

Quatrièmement, les opérations de l'intelligence humaine sont seulement possibles, à la condition de présupposer l'idée d'être, car cette idée est le moyen ou l'instrument à l'aide duquel l'intelligence accomplit ces opérations ; on peut même dire la condition *sine qua non* de leur exécution.

Cinquièmement, il suit de là que, sans l'idée d'être, l'esprit humain ne pourrait faire aucune opération rationnelle, de telle sorte que, complètement privé de la faculté de penser et de comprendre, il cesserait d'être intelligent.

Sixièmement, si l'esprit humain était privé de l'idée d'être il serait aussi privé d'intelligence, d'où il suit que c'est cette idée qui le constitue intelligent. Nous pouvons, par conséquent, dire que c'est cette même idée qui constitue la lumière de la raison ; et nous découvrons ainsi ce qu'est cette lumière de la raison que tout le monde admet mais que personne ne définit.

Septièmement. Puisque les philosophes donnent le nom de *forme* à ce qui constitue un être ce qu'il est, l'idée d'*être* en général peut être justement appelée la forme de la raison humaine ou de l'intelligence.

4

Huitièmement. Pour le même motif, cette idée peut être justement appelée l'idée *première* ou l'*idée mère*, l'*idée in se* et la *lumière* de l'intelligence.

C'est la *première* idée, parce qu'elle est antérieure à toutes les autres ; c'est l'*idée-mère,* parce qu'elle engendre toutes les autres, en s'associant aux sensations et aux sentiments à l'aide des opérations de l'esprit humain. Nous l'appelons l'*idée in se* (en elle-même), parce que les sentiments et les sensations ne sont pas des idées, et que notre esprit est obligé de les ajouter comme autant de déterminations à l'idée première, pour obtenir des idées déterminées.

Nous l'appelons enfin la *lumière* de l'intelligence, parce qu'elle est connaissable par elle-même ; tandis que les sensations et les sentiments ne sont connus que par elle, en lui servant de déterminations, et en devenant, comme telles, connaissables à l'esprit humain.

Si ces faits sont étudiés attentivement, le grand problème de l'origine des idées et de toutes les connaissances humaines devient aisé à résoudre.

Mais, de fait, ce problème a été résolu depuis longtemps par le sens commun de l'humanité, car le sens commun de l'humanité admet l'existence dans l'esprit humain d'une *lumière, raison* ou intelligence ; et ce sens commun déclare que cette lumière de la raison est si naturelle et si propre à l'homme qu'elle constitue la différence entre lui et les brutes.

Puisque nous avons montré que cette lumière de la raison n'est pas autre chose que l'idée d'*être* en général, il suit de là que, d'après le témoignage du même sens commun, cette idée est naturelle à l'homme ou propre à sa nature ; et c'est pourquoi ce n'est pas une idée formée ou acquise, mais une idée innée ou insérée dans l'homme par la nature; donnée à l'esprit par le Créateur, par Celui qui a formé l'homme.

En fait, l'*être* doit être connu par lui-même, sans quoi il n'est rien qui puisse le faire connaître. Au contraire, c'est lui qui fait connaître tout le reste, car tout le reste n'est qu'un mode ou une détermination de l'*être;* et c'est pourquoi, si nous ne savons pas ce que c'est que l'*être*, nous ne pouvons rien connaître (1).

9) *Immortalité de l'âme, existence de Dieu.*

Voilà comment nous résolvons la question de l'origine des idées. Car, toutes les idées, soit spécifiques, soit génériques, ne sont que l'idée d'*être* ou d'*existence* déterminée de diverses manières par les sensations et par les opérations de l'esprit humain. Et, comme cette idée première ne peut pas être le produit des sensations, comme elle est la condition indispensable de toutes ces opérations, *nous devons admettre qu'elle est donnée à l'homme par la nature*, de telle sorte que nous savons ce que c'est que l'être sans avoir besoin de l'apprendre, et nous apprenons tout le reste à l'aide de cette première connaissance.

Nous ne pouvons pas raisonnablement exiger une définition de l'*être*, parce qu'il est connu en lui-même et par

---

1. Saint Thomas a dit de la *lumière* de la raison, qui est l'*idée de l'être,* suivant Rosmini : *Omnia dicimur in Deo videre, et secundum ipsum de omnibus judicare, in quantum per participationem sui luminis omnia cognoscimus et dijudicamus. Nam et ipsum lumen naturale rationis participatio quaedam est divini luminis, sicut etiam omnia sensibilia dicimus videre et judicare in sole, id est in lumine solis.*

lui-même, parce qu'il entre dans la définition de toutes les autres choses. Nous pouvons bien le décrire, nous pouvons analyser ses caractères, mais nous ne pouvons pas faire davantage.

Nous avons vu que cette idée contient la pure essence de la chose. Cette idée de l'*être*, par suite, contient l'essence de l'*être* et nous rend capables de la connaître.

L'essence n'a rien à faire avec l'espace; l'être idéal est donc incorporel. Mais cet être idéal est la forme de l'âme intelligente, et, par la simple intuition de cette idée, l'âme intelligente subsiste. C'est pourquoi l'âme intelligente est incorporelle, conséquemment spirituelle, conséquemment encore incorruptible et immortelle.

L'essence de l'être n'a rien à faire non plus avec le temps, parce que l'*être* par essence est toujours l'*être* et ne peut jamais cesser d'être, car il y aurait contradiction dans les termes si l'être cessait d'être l'être. C'est pourquoi il est éternel. Mais il n'a été uni à l'âme que dans le temps; par suite, il était avant que l'âme ne fût et il est indépendant d'elle. Mais l'être est la lumière de l'intelligence; or, la lumière de l'intelligence dépend de ce dont elle est la lumière. C'est pourquoi il existe une intelligence antérieure à l'intelligence humaine, ou un esprit éternel. Mais cet esprit éternel est celui de Dieu; donc, Dieu existe.

L'existence de Dieu et l'immortalité de l'âme sont les deux fondements de la morale, car Dieu est la fin vers laquelle l'âme immortelle doit tendre et ce devoir résume toutes les obligations morales de l'homme, de telle sorte que la recherche abstraite de l'origine des idées a la plus grande portée sur les destinées de l'homme.

ANTONIO ROSMINI.

TABLE

Imp. de la Soc. de Typ. - Noizette, 8, r. Campagne-Première. Paris.